तहक़ीक़ातिल

असीम

आवरण चित्र –
तस्वीर- असीम
डिज़ाइन- दीत्या जैन
© अभिवंदन विज
संपर्क: vijabhivandan@gmail.com
इन्स्टाग्राम: @renaissance_e_rekhta

डफ़ली वालों के लिए
इन्तिज़ार वालों के लिए

भूमिका

कल एक भूमिका लिखी थी। अब मुझको नाम अच्छा नहीं लग रहा है। इस किताब में वो ही सब है जो हुआ करता है। थोड़ी तन्हाई, थोड़ी राजनीति, थोड़ी शांति, थोड़ा आक्रोश, थोड़ा नक़ाब और बहुत खुलासा। जिस तरह से मैं लिखता हूँ या जिस तरह से लिख पाता हूँ, उस तरह से कोई भी चीज़ बनावटी नहीं हो सकती। मुझमें से फट कर बाहर आती है। किताब का नाम ज्वालामुखी तो नहीं रख सकते हैं शायद।
मैं सामाजिक-नैतिक संरचना में छुपी चीज़ों को देखकर आइस पाइस कर देता हूँ। "मैंने ढूंढ, मैंने ढूंढ लिया।" अब कोई मुझको फिर से ढूंढने के लिए मजबूर नहीं कर सकता है। शर्त है कि तुम यह मानो कि मैंने ढूंढ लिया। हो सकता है तुम्हारी इस संरचना की मिट्टी भी कच्ची हो और तुम उसको फिर से छुपाने के लिए भेज दो, पर यह करना सिर्फ़ उस संरचना को कमज़ोर करना है। मैं इस ही वजह से कभी ढंग से नहीं छुपता था कि मुझे पकड़ना कोई ज़रूरी चीज़ नहीं हुआ करती। आइस पाइस हिंदी में लिखा हुआ बहुत ही अजीब लगेगा, नहीं तो यही नाम रख देता। आइस पाइस वैसे "आइ स्पाइ" हुआ करता था, जिसका मतलब हुआ कि मैं एक गुप्तचर की तरह कहीं घुसा और सारी चीज़ें देख लीं। अब मैं उन चीज़ों का इस्तेमाल किसी भी तरह से कर सकता हूँ—उस जगह के ख़िलाफ़ या अपने ख़िलाफ़ भी। मुझे यह महसूस होता है कि मैं इन संस्थानों में किसी गुप्तचर की तरह ही हूँ। मैं कभी खुद को किसी एक संस्थान से नहीं जोड़ पाऊँगा क्यूंकि उसमें कुछ न कुछ ऐसा मिल जाएगा जो मैं झेल ही नहीं पाऊँगा। तो अब मैं हर जगह जाकर बस चीज़ें इकट्ठा करता हूँ और फिर छाप देता हूँ। छाप देता हूँ कि मैं अपने पास रख के क्या करूंगा, छाप देता हूँ कि मैं अपने पास रख ही नहीं पाऊँगा।

मैं कई जगहों पर घुसा, चीज़ें इकट्ठा करने के लिए, काफ़ी चीज़ें इकट्ठा हो पाई हैं। मैं इश्क़ की तहक़ीक़ात करके आया हूँ और राजनीति की

तहक़ीक़ात करके आया हूँ और माज़ी की तहक़ीक़ात करके आया हूँ और भूमिका भी कविता की तरह लिखने वाला हूँ। कुछ पुरानी चीज़ें जो मैं अभी तक नहीं लिख पाया था, लिखी गई हैं। एक नहीं लिखी गई। मुझे मिलो तो कहना—"वो चाबी वाली कहानी लिख लो", और वो हरी नोटबुक के आख़िर में जो कविता है, जो 'उन्मुक्त छंद' में होनी चाहिए थी, छाप दो। और साइकोलॉजी के क्वेश्चन पेपर के अंदर जो एक कविता लिखी थी, वो भी ढूंढो। और 'रास की रूपवती' कब छपेगी?

मैं बहुत ही आलसी गुप्तचर हूँ, अगर मेरे मुँह पर कोई कविता चांटा नहीं मारती, मैं लिखता ही नहीं हूँ और मार भी देती है तब भी दो-तीन ऐसे ही छूट जाती हैं। जितनी मिल पा रही हैं, उतने में समझने की कोशिश करो, क्यूंकि समझने लायक यहाँ कुछ भी नहीं, बदलने लायक यहाँ सब कुछ है।

इस किताब में भी शुरू से लेकर आख़िर की कविताएँ उसी क्रम में हैं, जिसमें वह लिखी गई थीं। कौन सोच पाएगा इतना कि कौन-सी कविता के बाद कौन-सी कविता आएगी। पागल न हो जाए आदमी। नाम अभी भी समझ नहीं आ रहा है। थोड़ा और ढूंढता हूँ, "कब तक छुपोगी?"
ओवर एंड आउट।

- एजेंट असामाजिक

1)

दिल्ली में सर्दी देर से आती है, कम आती है पर बहुत ज़ोर से आती है। सबका कोई न कोई पसंदीदा कपड़ा ज़रूर होता है सर्दी से बचने के लिए। तुम वह कपड़ा हो। पूरे साल अलमारी में क़ैद रहती हो, फिर जैसे ही सर्दी आती है, मैं भागता हूँ तुम्हारी तरफ़।

और तुम?

तुम मुझे समेट लेती हो।

2)

मेरा घर पहली मंज़िल पर है। बाहर बालकनी से पहले दो दरवाज़े हैं। एक लकड़ी का अंदरूनी दरवाज़ा और एक लोहे का। लोहे वाला दरवाज़ा अपने आप बंद हो जाया करता था। पर अब वह ख़राब हो चुका है। बहुत पीछे तक जाकर खुला ही रहता है। खींचकर बंद करना पड़ता है। मैं सारा दिन लोहे का दरवाज़ा खुला ही छोड़ देता हूँ। बाहर से ऐसा लगता है कि वह दरवाज़ा आमंत्रित कर रहा है। पास आकर पता चलता है कि लकड़ी का एक और दरवाज़ा है।

मैं लकड़ी पर विश्वास करता हूँ।

और तुम पर भी।

तुम लकड़ी तो तोड़ ही लोगी।

3)

मैं छींकता हूँ,

और ठंडे पानी से हाथ धो लेता हूँ।

मैं फिर छींकता हूँ, फिर हाथ धो लेता हूँ।

फिर छींकता हूँ, फिर हाथ धो लेता हूँ।

फिर छींकता हूँ, फिर हाथ धो लेता हूँ।

फिर छींकता हूँ, फिर से हाथ धो लेता हूँ।

मेरा इलाज ही बेकार है और मैं मर्ज़ को गाली देता हूँ।

4)

रबर बैंड को जब खींचते हैं और बजाने की कोशिश करते हैं तो वह ज़्यादा आवाज़ करता है।

अगली बार कोई हल्की सी चोट पर रोने लगे तो उसको चोट की जगह पुराना खिंचाव दिखाना।

और दिखाना उसकी आवाज़।

5)

दिक़्क़त क्या है?

मैं।

तुम कैसे दिक़्क़त हो?

मेरे अलावा कोई दिक़्क़त नहीं है।

तुम?

तुम्हारे लिए नहीं हूँ शायद।

हाँ, मेरे लिए तो नहीं हो, किसके लिए हो?

दुनिया।

अब यह किसने कहा?

दुनिया।

दुनिया की बातें तुम कब से सुनने लगे?

मैं नहीं सुन रहा हूँ, दुनिया ही कहती है, दुनिया ही सुनती है।

दुनिया में से कोई सुन के कहने आता है।

मैं फिर नहीं सुनता।

दुनिया फिर सुनती है।

दुनिया की ज़ुबान बहुत बड़ी है और कान और भी बड़े।

वह जो कहती है, कभी ख़ुद भी नहीं सुनती, पर जो सुनती है, वह ज़रूर
कहती है।

जो सुनी हुई बात कहते हैं, वह दुनिया है।

जो कही हुई बात सुनते हैं, वह शायद कुछ मेरे जैसे।

पर मैं फिर भी नहीं सुनता, मैं कहता हूँ।

मैं कहता हूँ तो दुनिया सुनती है।

दुनिया सुनती और कहने आती है।

फिर मैं तुम्हें दुनिया की दिक़्क़त बताता हूँ, क्यूंकि मेरे पास आँखें तो हैं पर
आईना नहीं।

6)
एक पत्थर जब पहाड़ से गिरता है तो कई जगह पर कुछ क्षणों के लिए रुकता है।
मुझे गिरने दो, बार-बार टहनियाँ मत बनो।
गिरना उतनी चोट कभी नहीं पहुँचा सकता जितनी वह कुछ उम्मीद के क्षण पहुँचा सकते हैं।

7)
हमसे बात करते-करते तुम सो जाती हो।
तुमसे बात न हो तो हम जागने के बहाने ढूँढते हैं।

8)

तूफ़ान सा उठा दरिया-ए-बंदगी में, पत्तों सा मैं गिर गया।

9)

आज मैं जागा हूँ।
जागा हूँ कल की रात से आगे सो कर।
जागा हूँ बेबुनियाद याद को धोखा दे कर।
जागा हूँ अधूरी बात को भूल के ऐसे,
कि तुम बुलाओ तो हँसते हुए फिर कहूँ "हाँ बोलो।"
कभी यह नहीं पूछूँ कि कल क्या हुआ था।
क्यूं पूछूँ?
शिकवे गिले सब बिस्तर पर ही है, वहाँ तक आओगी तो उठाने पड़ेंगे।
जहाँ हो वहाँ सलामत रहो। मैं उठ गया हूँ, उठ गया हूँ ऐसे, जैसे तुम एक
बुरा ख़्वाब थी।

10)

याद कंबल
धोखा बिस्तर
बातें रोशनी
आँखें ख़्वाब
बाहें छत
नज़र दरवाजा
दिल दीवार
पैर ज़मीन
गला हार
मुस्कराहट ताला
हँसी खिड़की
मुड़ना पर्दा
छुपाना अलमारी
इश्क़ पौधा
हवा पानी

मैं पायदान
तुम घर

11)
तमीज़ में मानती हो?

हाँ क्यूं?

तुम ही मेरी गुनाहगार हो?

गुनाहगार?

तुम उस सभ्यता की रक्षक हो जिसने मुझे राक्षस बनाया।

मैं रक्षक?

हाँ सभ्यता के रक्षक के हाथ में लाठी नहीं होती, कभी कभी होती भी है,
पर ज़्यादातर सिर्फ़ आँखें ही होती है।

मुझे नज़र से छल्ली करते हो कहते हो गोली मारी नहीं।
कहते हो तुम तो ज़िंदा हो, कहते हो क़ब्र दिखाई नहीं
दे रही तुम को, आँखों से। आँखें जब मुझ पर तनी हुई
कहाँ दिखेंगे हाथ मेरे जब नज़र पैरों पर टिकी हुई।
मेरे हाथ पैरों तक आ भी जाए तो ना दिखे बहता खून तुम्हें।
तुम्हें दिखे बस हाथ छूता वो पैर, दिखे सभ्यता का जुनून तुम्हें।

तुम क्यूं यूं मुझको घूरते हो, मैं नाचता हूँ बाज़ार में।
तुम क्यूं यूं मुझको मारते हो, मैं खेलता हूँ अज़ाब से।
मैं निकलता हूँ चिराग से और दफ़न होता हूँ अंधेरे में।
मैं उठता हूँ कभी रात में, जब तुम सोते हो सवेरे में।

जब होते हो अकेले में क्या तब भी मुझको कोसते हो।
क्या आँखें आइना छूती हैं?
क्या तुम खुद पर भी बोझ से हो?
क्या कभी यह तुम भी सोचते हो
कि क्या हाल तुम्हारा है आजकल?
क्या कभी ज़मीन को नोचते हो
कि दिखे तुम्हारा खोखला धरातल।

12)
कविता से पहले का शोर अच्छा लगता है।
बाद का तो सन्नाटा ही बेहतर है।

13)

तन्हाई आगोश ए निराशा है।

अब तुम्हारे लिए फूल खरीदने का भी मन नहीं। मन नहीं कुछ भी करने का। कुछ करने की वजह नहीं। वजह नहीं उठने की। उठने के बाद कुछ काम नहीं। काम नहीं कुछ मुझे तन्हाई से। तन्हाई में कुछ आराम नहीं। आराम नहीं दिखता अब तुम्हारी तबस्सुम में। तबस्सुम का कुछ गुनाह नहीं। गुनाह नहीं तन्हाई का शायद। शायद मैं ही कुछ बदहवास रहता हूँ। बदहवास रहता हूँ लोगों में। लोगों में तन्हाई का होश नहीं। होश में नहीं होता मैं, लोगों में।

14)

मैं हिंदुस्तानी क्यूं?

मुझे गलियाँ पसंद हैं लाहौर की।

मुझे सत्ता पसंद थी रूस की।

मुझे गाना पसंद है हिंदुस्तान का।

मुझे समाज पसंद है नॉर्वे का।

मुझे खेल पसंद है इंग्लैंड का।

मुझे कपड़े पसंद हैं ईरान के।

मुझे खाना पसंद है इटली का।

मुझे मुस्कराहट पसंद है कोरिया की।

मुझे थकावट पसंद है जापान की।

मुझे लिखावट पसंद है जर्मनी की।

मुझे कहाँ-कहाँ का क्या-क्या पसंद है।

मुझे आसमान पसंद है मुझे ज़मीन पसंद है।

मैं हिंदुस्तानी जन्म से हूँ? जन्म से क्या कोई भी कुछ भी हो सकता है?
जन्म से सिर्फ़ आज़ादी होती है। बाकी सब तुम्हारी ज़ंजीरें हैं।

15)
जब मैं बहुत ज़ोर से हँसता हूँ, तो कुछ देर तक हँसी ना रुकने के बाद एक दम से रुकता हूँ। रुकते ही एक लंबी साँस लेता हूँ और मुस्कराता हूँ।
उस साँस के लिए हवा सीधा चाँद से आती है, वह हवा मेरे सारे गड्ढे भर देती है, वह हवा इतनी ख़ूबसूरत है कि साँस लेते ही ऐसा लगता है कि जैसे साँस ले रहा हूँ, कि जैसे अच्छा लग रहा है कुछ, कि जैसे कुछ "अच्छा" होता है, कि जैसे सब मस्लहत पर विराम लगाया जा सकता है, कि जैसे सत्ता, बाज़ार और समाज के बारे में आज कुछ सोचने लिखने पढ़ने की ज़रूरत नहीं, कि जैसे मैं सिर्फ़ मैं ही हूँ।

यह साँस कभी कभी यह भी याद दिलाती है कि यह साँस कितनी छोटी है।
इसलिए कभी कभी हँसते ही इतना शान्त हो जाता हूँ कि तुम्हें लगता है कि मुझे ना जाने क्या याद आ गया।

मुझे यह याद आया कि चाँद पर भी गड्ढे हैं।

16)

तुम अपने घाव क्यूं भरना चाहती हो? तुम अपनी कमियाँ क्यूं दूर करना चाहती हो? तुम अपना जीवन स्थिर क्यूं करना चाहती हो? तुम एक ही जैसी क्यूं रहना चाहती हो? तुम अपने स्वरचित सिंहासन पर क्यूं बैठना चाहती हो?

जब चाँद भी चौदह दिन में एक ही बार पूरा होता है।

17)
खिलाफत ए जंग की जंग लड़ते हैं, हम भी दुश्मन को दंग करते हैं।

18)

मैं पेड़।

मेरे खूब सारे पत्ते थे।

जो सूखने लगते, उन्हें गिरा देता। और नए पत्ते भी इस हिसाब से उगाता कि अब यह वाले ना सूखें।

मैं पत्तों को ऐसे चुनने लगा कि कोई पत्ता मेरे मियार तक पहुँच ही नहीं पा रहा था।

मैं पत्तों को चुनते हुए यह भूल गया कि यह सब पत्ते ही हैं, पेड़ जैसे कैसे हो जाए?

पेड़ कोई पत्तों से ऊपर नहीं है, बस पत्तों को चुनने का हक है उसे।

उसकी शाखाएँ हैं ना।

नंगा पेड़ सर्दी में ठिठुर रहा है। पेड़ को पत्ते याद आते हैं और याद आते हैं वो सब मियार जो उसने पत्तों के पत्ते होने पर लगाए थे।

पेड़ अब सूख जाएगा, जब तक वह यह न समझे कि पत्तों को पत्तों तक ही रखना था। जड़ें मज़बूती के साथ फैली हुई भी होनी चाहिए थीं।

मुझे खराब पत्तों से दिक़्क़त होती है। उतनी ही दिक़्क़त जितनी अब उन नकारे गए पत्तों को मुझसे है।

हर पत्ता अपनी जड़ से तो पेड़ ही है। हर पेड़ दूसरे की जड़ में पत्ता ही है।

शाखाएँ या बाँहें खुली रखो, अगर सर्दी से बचना है। यहाँ तुम्हारी पसंद के पत्ते नहीं, बस पत्ते हैं।

19)
तुम्हारा काफ़िला जब तक हमारी गली पहुँचा,
हमारी गली काफ़िला हो गई।

20)
हमने कल का क्या सोचा है,
हम तो कल को याद करेंगे।
हमने कल को क्या माना है,
जो आज फरियाद करेंगे।

21)

एक तालाब है,
हम सब पत्थर
पत्थर हो
तालाब के अंदर
डूबना चाहे
यूं ही गिर कर
उठना चाहे, रुकना चाहे
किसी सतह पर

अचल छल जाल
विकट विकराल
अस्ल ग़मख़्वार
है धारा आज
है पता मुझे
है मेरी लाश
हे समुद्रतल
ऐ कब्रिस्तान
हे शमशान
हे भूतकाल
यूं डराए मुझे
क्यूँ सवाल आज
क्या सवालात
क्या जवाबात
क्या सवालात
नहीं जवाबात

फाँसी है हर पत्थर को जो

जा तालाब में आ गिरा
हो कोई भी नर या नारी
डूबने से बच ना सका
बच ना सकेगा बहुत दिनों तक
और भी कोई सरफ़िरा
कभी तो याद आएगा तालाब को
कि पानी भी अब ना है बचा

भर जाएगा यूं तालाब लाशों से मेरी ऐ जान ए जां।
उठ आएगा धरातल समतल, ना होगा फिर कुछ गुमान
क्यूं यह कहते हो जो लोग कर देते हैं अनसुना?
पत्थरों की गूंज से गिर आएगा यह आसमान।

22)

तुम नहीं आई,
ना मैं कुछ कहूँगा।
ना तुम कुछ कहना।
कुछ शांति भी ज़रूरी है मसलों में। हमेशा मस्लहत की क्या ज़रूरत?

तुम मुझसे माफी मत माँगना, मैं तुम को माफ़ नहीं करूँगा। मुस्कराओ।
मुस्कराओ जब तक मैं यहाँ हूँ।
कल मैं भी तो नहीं आऊँगा।

23)

17/1/2025

मुझ में सिर्फ़ मय है।

मुझ में अब कुछ मैं नहीं।

मुझसे अब न कुछ मेरे लिए किया जाता है, न कुछ सुना जाता है। कुछ सोचा भी नहीं जाता। मैं मेरे शरीर में कहीं अंदर जा कर बैठ गया हूँ। पूरे दिन बेचैनी रहती है। बात करता हूँ किसी से तो लगता है क्यूं कर रहा हूँ। इस से उस मैं को क्या मिलेगा जो मैं हूँ ही नहीं? वह मैं जो मुझे मैं नहीं होने दे रहा।

मेरे आस पास के लोग भी बहुत परेशान हो जाते हैं इस मैं से। मैं अब कभी किसी का हाल नहीं पूछूँगा। क्यूंकि मैं जानता हूँ मैं किस लिए हाल पूछ रहा हूँ। मैं अपना स्वार्थ गवां कर उस चीज़ के लिए स्वार्थी हो गया हूँ जिसे मैंने अपना नया स्वार्थ बना लिया है। तो अब बस या तो अजीब इन्द्रियों के सुख के लिए काम करता हूँ या उस मैं के कुछ काम करता हूँ।

न हँसता हूँ, न हँसाता हूँ, मेरा मज़ाक पता नहीं कौन उठा कर ले गया। मुझे अब मज़ाक आता ही नहीं। मुझसे कुछ कहा सुना ही नहीं जाता। अब मैं सिर्फ़ तबला बजाने लायक हूँ, सितार मेरे बस की बात नहीं। सितार के लिए महसूस भी करना पड़ता है सितार को। अब मैं कुछ महसूस नहीं करता हूँ।

एहसास ए बेएहसासी भी।

तुम ही कहो कि क्या वह सहरा जिसने कभी बारिश देखी ही नहीं बरस सकता है?

लोग मुझसे प्यार, तवज्जो, सांत्वना, ठहराव और न जाने क्या क्या मांगते हैं। मैंने इनमें से कुछ नहीं देखा है और जब अब देखने का मौका आया तो देखने की शर्त यह है कि मुझे भी दिखाना होगा। कैसे दिखाऊं? कैसे बरसूं?

क्यूं यह नहीं समझ पा रहे हो तुम कि मैं वहाँ से नहीं हूँ, जहाँ तुम सुकून में थे। मैं भागते हुए यहाँ पहुँचा हूँ। मेरी हांफने की आवाज़ भी न आये अब?

मुझे अपने हांफने पर ही गुमान हो चला है। मैं यह सोचता हूँ कि यह लोग क्या जानते हैं, क्या समझते हैं और क्या ही बोलते रहते हैं। मैंने अपनी दौड़ को खत्म ही नहीं होने दिया। मैं अब भी भाग ही रहा हूँ। कितनी खराब बात है कि मुझे सिर्फ़ भागना ही आता है।

तो अब मैं बहुत जोर से भागूंगा। तुम से, मुझसे, सब से। मुझे अब आदत हो चुकी है भागने की। अगर कोई पैर पकड़ भी ले तो उसको घसीटने लगता हूँ। कोई कब तक ज़मीन पर पड़ा रहे? तुम्हारी कोई ग़लती नहीं है। मेरे कातिल तुम नहीं हो। क्यूंकि मेरा क़त्ल अभी नहीं हुआ है। न ही कुछ और समय तक हो पाएगा। मैं अपनी मृत्यु से भी उतनी ही तेज़ भाग रहा हूँ जितना कि अपनी ज़िन्दगी से। भाग के जाना कहाँ है?

मत पूछो, मैं हाथ जोड़ता हूँ, क्यूंकि पैर तो मेरे अभी भी रुक नहीं रहे हैं। देखा कितना खराब मज़ाक किया अभी मैंने। यही हो गया है। मैं बहुत हैरान होता हूँ जब कोई मेरी बात पर नहीं हँसता है। कभी कभी मैं ऐसा मज़ाक करता हूँ जो समझ नहीं आता। कभी कभी ऐसा करता हूँ जो बहुत ज़्यादा ही समझ आ जाता है। हँसी दोनों पर ही नहीं आती। मज़ाक में एक नकाब ज़रूरी है। नकाब ही तो कोई नहीं रखा मैंने। जो होता है सब कह देता हूँ।

किसी को भी कुछ भी बताने से नहीं रुकता। इस से क्या हुआ कि अब मुझे किसी के साथ भी ऐसा नहीं लगता कि वह मेरा करीबी है। करीबी होने की पहली शर्त ही यह है कि उसकी जगह कोई और न ले सके। जब सब की जगह सब ले सकते हैं, मेरी ज़िन्दगी में तो किसी की भी कोई जगह नहीं है। इसलिए ही मैं कुछ महसूस नहीं कर पाता और शायद

इसलिए ही मैं किसी से बहुत देर बात भी नहीं कर पाता।

मुझसे कोई भी पूछता है कि क्या समय हो रहा है तो मैं कहता हूँ कि मैं वक्त से बंध कर नहीं चलता और अपनी खाली कलाई दिखाता हूँ, और मुस्कराता हूँ। क्या मुझे लगता है कि मैं सब से बेहतर हूँ? क्यूंकि मैं भाग कर आया हूँ यहाँ तक? भागना मैंने ही चुना था, इस सत्ता की तरह नहीं जो शायद कभी सच में जीत ना पाती। तो भागना न चुनने वाले लोगों को मैं ऐसे क्यूं देखता हूँ कि इन्हें भी मेरे जैसा होना चाहिए। क्या मृत्यु है भाई यह?

इस मुर्दों के गाँव में
क्यूं करता हूँ मैं आज गुमान
कल को सब कुछ मिट जाएगा
फिर मैं कहाँ और मैं कहाँ?

वाह असीम घटिया शायरी के तो उस्ताद हो गए हो जब से हांफना शुरू किया है। पानी पीने जा रहा हूँ।

24)
एक दिन मर जाएगा राजा,
मैं डिवाइडर पर नाचूंगा और चीख चीख कर कहूंगा कि अब और नहीं,
अब और नहीं।

फिर राजा के रखवाले मुझे उठा लेंगे और कहेंगे कि राजा अब भी ज़िंदा
है।
वो ज़िंदा है युवराज में और ज़िंदा है जहल में।

कुछ पांच साल के बाद फिर राजा आ जाएगा, मैं फिर उसके मरने का
इंतजार करूंगा। क्यूंकि मेरे मरने का इंतज़ार वो भी कर रहा है।
ना चैन मुझे पड़ेगा ना सुकून उसको।
ना मौत मुझे आएगी ना मौत उसको।

25)

आज मैं जब गांजा लेने गया तो दुकानदार, हाँ दुकानदार, अपने हाथ पीछे कर के और गर्दन झुका कर मेरे पास आया। पैसे पहले ही दे चुका था, उसने हाथ मिलाते हुए मेरे दोस्त के हाथ में एक पैकेट रख दिया और मुड़ कर चला गया।

फिर मुझे एक दम से लगा यह पहले भी हो चुका है मेरे साथ। बिल्कुल ऐसा ही। जब सत्ता के खिलाफ पोस्टर छप के आए थे।

हँसते हुए अपने दोस्त की तरफ देखा और कहा आराम से चलेंगे, मेरे साथ हो तो पुलिस वाला तुम्हें कुछ नहीं कहेगा।

मैं अपने जैकेट की जेब के कागज़ सहलाता हूँ।

26)

मैं कुछ लोगों के साथ एक बगीचे में बैठा था। सामने एक इमारत में काम चल रहा था।

छत से बहुत सारी मिट्टी और टूटी हुई ईंटें फेंकी जा रही थीं, एक जगह पर जिसके चारों ओर रस्सी थी।

रस्सी तो थी पर इतनी ढीली कि पता ही नहीं चल रहा था कि रस्सी है।

जब भी ऊपर से एक औरत मिट्टी फेंकती हम सब उसकी तरफ देखते।

सुबह से उस बगीचे में कोई नहीं आया था शायद शाम तक भी कोई नहीं आता अगर हम ना आते।

अब उस औरत को न जाने क्या हुआ वो मिट्टी फेंकती और आधे मिनट तक हमारी तरफ ही देखती कि क्या हम उसे देख रहे हैं।

ऐसे आधे मिनट एक मिनट में बदला और एक मिनट तीन मिनट में।

आखिर में उसने खुद को तसले में भरा और अपने आप को चार लोगों के बीच में फेंक दिया।

27)

मैं गुस्से में एक धार्मिक/साम्प्रदायिक कार्यक्रम को अपने घर के सामने होता देख रहा था। बहुत देर तक निराशा में देखता रहा। फिर मेरी एक पुरानी कविता मेरे सामने से गुज़री। वो भी धार्मिक/साम्प्रदायिक है शायद इसलिये ही पुरानी है।

मेरा ग़ुस्सा शांत हो गया और एक बेचैनी ने सीना पकड़ लिया।

क्या मुझे उस घटिया संगीत से दिक़्क़त है या अधूरी कविता से दिक़्क़त है?

संगीत से मैं लड़ सकता हूँ, अकेला भी लड़ सकता हूँ।

कविता दो लड़कों के साथ थी।

28)

जब चाहो मेरा दिल धड़काओ जब चाहो मुझे मार ही दो।
ऐ बेईमान चारा-साज़ मेरे, ज़रा दिल बहलाओ और गाढ़ ही दो।

यह क्यूं मुझको फेंक के मारते हो कोई फूल जैसे मज़ार हूँ मैं।
यह क्यूं नहीं तुम समझते कि तुम्हारी पंखुड़ियों से बेज़ार हूँ मैं।

यूं लड़ने का शौक तो मुझको लगा सड़कों से ही है।
क्यूं बढ़ने को राहें दिखाती हो जब लौटना घर ही है।

घर वह वीराना जो तुम छोड़ जाती हो पल दो पल।
क्यूं मुझको लगता रहता है बात हुई है कल या कल।

तुम यूं खेला करती हो दिल ए बेपैरहन से मेरे।
नकाब ओढ़ के आता तो जला ही देती तन को मेरे।

यूं मुझको तुम घूरा करो हो, न कुछ करने के भी बाद।
लगता है ढह गई रोशनी, हुई है सिर्फ़ मेरी रात।

मुझको तुम से कुछ नहीं कहना सुन कर तुम चली जाओगी।
बीत जाएगी सारी रैना जब तुम मुड़ कर घर आओगी।

29)
अरे जाओ, हटो मेरे दरवाज़े से।

मेरी किताबें कब्रिस्तान हैं।
तुम को कब का लिख कर खत्म किया।

30)

कब से आइना नहीं देखा है असीम?

कुछ लोगों ने तुम से कुछ देर बात क्या कर ली तुम तो रोने ही लगे।

क्या है ऐसा जो तुम्हें अपने आइने में नहीं दिखता? पूरा दिन अपने साथ ही तो रहते हो? उन्होंने ऐसा क्या पूछा जो तुमने खुद से ना पूछा हो?

तुम ढंग से जवाब भी नहीं दे पाए, न ही कुछ और ही कह सके ज़्यादा।

पता नहीं क्या क्या बोल आए और अब क्या-क्या सोच रहे हो।

समझ ही नहीं आ रहा है यह ग़म बाहर कहां से आया, इनको तो पता नहीं कहां छोड़ आए थे।

मैं आइने से भागता हूँ शायद। श्रृंगार की इच्छा की तरफ।

31)

26/1/2025

मुझे आज तक लगता था कि मैं अपने सोचने के तरीके या नज़रिए की वजह से अकेला हूँ। ग़लत लगता था।

मुझे समाज में रहना कभी आया ही नहीं। मेरे कभी कोई दोस्त नहीं रहे, जितने भी रहे उनमें से कोई भी ऐसा नहीं जो समझे कि मैं कह क्या रहा हूँ। मुझे नहीं पता कि यह तुम भी समझ रहे हो कि नहीं। मैं जो भी कहता हूँ काफ़ी लोगों को समझ कम ही आता है। काफ़ी कम पर मुझे बिलकुल सामान्य ही लगता है। मैं ज़्यादा नहीं बोलता हूँ, सिर्फ़ जब कुछ अलग दिखता है तो बोलता हूँ। लोग कहते हो बोलो। अरे क्या कहूँ, सब तो कह दिया है तुम लोगों ने। शायद एक ही बात को अलग तरीके से दोहराना ही बात करना है। मुझे कभी बात करना नहीं आएगा। क्यूं नहीं आएगा? क्यूंकि मुझे कभी बात करने का मौका ही नहीं मिला। मैं सिर्फ़ किसी का खिलौना बन कर रहा हूँ पूरे बचपन। वो मेरे लिए ही मुझे दीवार पर मार रहे थे। कहती है कि तुम बाद में समझोगे मैंने तुम्हारा सिर क्यूं तोड़ा। कहती है कि अभी तुम्हें इसका असली मूल्य नहीं समझ आएगा। बाद में समझोगे।

कितना वक्त और लगेगा?

कितना रक्त और बहेगा?

कितने तख़्त और गिराऊँ?

कितना सख्त और रहेगा, यह कशाना। यह जो मेरे दिमाग में बना दिया गया है कि मैं कुछ हूँ। क्या हूँ? तुम्हारा खिलौना या किसी को भी न समझने का यंत्र। अकेलापन ऐसे लोगों को लाज़मी है जो नहीं समझते कि किसी के साथ होना कैसा है। बचपन में कोई लड़ाई, कोई दोस्ती, कोई तकरार, कुछ नहीं हुआ तो मैं कैसे समझता कि यह सब क्या है। मैं कैसे आज समझूँ कि वो क्या था जो तुमने किया। हाँ, कविता मैं समझ लेता हूँ, आँखें भी समझ लेता हूँ, रिश्ते मुझको नहीं समझ आते। मुझे नहीं पता

कब नाराज़ होना है या कब माफी मांगनी है। अक्सर ग़लती करता हूँ, करता ही रहूँगा क्यूंकि जब सीखना चाहिए था तब मैंने कुछ और सीखा। कुछ ऐसा सीखा जो मुझसे खेलने वाली के लिए ठीक था। अब वो भी मुझसे परेशान है। कहती है ''नॉर्मल हो जाओ।'' कैसे? पहले तो सामान्यता पर भी बात की जा सकती है कि कैसे इसको परिभाषित किया गया है और वो कितना ग़लत है पर तुमने कुछ भी सामान्य होने दिया आज तक? मैं क्यूं किसी दिन शाम के 5:30 बजे अपनी बालकनी से खेलते हुए बच्चों को देखकर रो रहा था? मुझे यह जो तुमने पहली मंज़िल पर पहुंचा दिया है। इससे उतरने की कोई सीढ़ी नहीं है। हाँ, मैं ऊँचाई पर ही मर जाऊँगा। मैं ऊपर से सब देखता हूँ क्यूंकि मुझे नीचे उतरना नहीं आता।

मुझे कोई पूछे अगर कि भगवान में मानते हो तो मैं मुस्कराता हूँ और कहता हूँ, ''मैं ही भगवान हूँ।'' क्या यह जवाब मेरी तन्हाई नहीं दिखाता? क्या तुम्हें नहीं दिखता कि मंच के नीचे के शोर ने मुझे कैसी कठोर आवाज दी है? क्या तुम्हें नहीं दिखता कि मैं किस तरह भाग रहा हूँ हर चीज़ से क्यूंकि मुझे कोई भी ऐसा काम आता ही नहीं जो लोग किया करते हैं।

मैं हर जगह कहता हूँ कि मैं असीम हूँ, मैं बंध कर कोई काम नहीं करूंगा। मैं कोई ऐसी जगह पर भाषण नहीं देता जहाँ कुछ ग़लत (अलग) कहने से दिक्क़त हो जाए। असीम होना मेरी आज़ादी शायद ही है पर मेरी मजबूरी ज़रूर है। क्यूंकि मैंने कभी कोई सीमा देखी ही नहीं।

क्या बढ़िया खत्म होता यहाँ पर यह..... जो भी यह है। पर और कुछ भी कहना है, पता नहीं क्या कहना है। मैं

32)

26/1/2025

शुक्रिया, माफ कर दो, चलो जाने दिया, यह कर दो ना, यह कैसे किया तुमने, यह क्यूं किया, यह बताओ ना।

यह सब मुझे कहना नहीं आता क्यूंकि मुझे किसी और का सहारा लेना ही नहीं आता। मैं किसी से मदद नहीं मांग पाता। अपना काम सब खुद ही देखता रहा हूँ आज तक।

मैं नहीं सोच पा रहा हूँ।

मुझे कुछ कहना है।

मैं नहीं कह पा रहा हूँ।

कोई सुनने के लिए बैठा होता तो शायद कह ही देता मैं, पर किसी को सुनने के लिए मजबूर कैसे करते हैं यह मुझे नहीं आता। हाँ राजनीतिक तरीके से मैं ज़रूर कर सकता हूँ पर निजी रूप से मैं कोई रिश्ता नहीं बना पाता क्यूंकि मेरा कभी कोई रिश्ता रहा ही नहीं। मैंने सिर्फ़ लोगों का मज़ाक उड़ाया है या अपना मज़ाक उड़वाया है या भाषण दिए हैं या लोगों को पढ़ाया है। मैंने कभी किसी का हाल पूछ कर शांति से सुना नहीं क्यूंकि इतना करीब कोई आ नहीं सका या आने नहीं दिया गया। मुझे नहीं पता।

"यह सब कितना बदसूरत है, बेजान है। क्या यार असीम कविता तो लिख ही लेते हो ना। जाओ पढ़ दो कहीं जा कर। भाग जाओ। इतना क्यूं सोच रहे हो।"

यह है मेरा कफन।

मैं अपने अकेलेपन में खुदा हो गया और बाहर निकलते ही सब काफ़िर होने लगे।

33)

26/1/2025

मेरा "डिफेंस मेकेनिज़्म" ही ऐसा है कि मैं बहुत आक्रामक हो जाता हूँ। मुझे किसी से बात करनी नहीं आती। या तो मैं "एरोगेंट" लगता हूँ या "रूड"। मैं लिख ही नहीं पा रहा हूँ, मेरा दिमाग पता नहीं कहां-कहां भाग रहा है। शरीर हिल भी नहीं रहा है। बस किसी तरह इस दिक्क़त की जड़ तक पहुँचने की कोशिश कर रहा हूँ और जितना खोद रहा हूँ उतना नीचे धंसता जा रहा हूँ। एक हल्की सी भी आवाज़ कानों में लग रही है। दरवाज़ा खुल रहा है तो लग रहा है मौत ही चल कर आ रही है। बाहर से कोई बाइक गुजर रही है तो लग रहा है घूम कर मेरे ऊपर से क्यूं नहीं गुजर जाती।

इस समस्या का हल ढूंढना मेरे बस की बात नहीं और केवल मेरे ही बस की बात है। मैं इस समाज के साथ नहीं चलना चाहता पर मैं इसको इतना महत्व क्यूं दे रहा हूँ फिर? मैं शायद कुछ पल की आत्मीयता ढूंढ रहा हूँ। हर दर से वापस भेज देने के बाद एक आराम की खानकाह तो चाहिए ही दरवेश को। कब तक सड़क पर नाचूं? कब तक डफ़ली बजाकर उस समाज की बातें कहूं जिसमें मैं खुद को एक छतरी भी नहीं दिलवा पा रहा हूँ। मैं एक आराम की जगह ढूंढता हूँ।

मैंने सब जगह से ठोकर खाकर यह समझ लिया है कि मेरे समाज और उसके तरीकों को न समझने की वजह से ही मैं हर जगह से भगाया जा रहा हूँ। यह कहां तक ग़लत है? क्यूंकि वो जगहें खुद मुझ तक आती हैं। मुझे तो प्यास लगी भी नहीं थी, कुआं इतनी बार आया कि अब गला सूख रहा है पर जैसे ही पानी पीने लगता हूँ कुआं कहता है,

"तुम बहुत छोटे हो।"

"यार संगठनात्मक चीजें होती हैं।"

"मुझे नहीं लगता कुछ हो पाएगा।"

"अरे तुम कौन?"

मैं इतने अंधेरे में रहा कि रोशनी मुझे अपने साथ ही ले गई। मैं प्यासा, कुँए की तरफ देखता ही रह जाऊँगा, कुँए बदलेंगे बार बार पास आएंगे कोई मुझे पानी नहीं देगा। कोई मुझे यह नहीं कहेगा कि मैं तुम्हें स्वीकार करता हूँ।

अगला कुआं भी आ ही चुका है। मुझे पानी से डर भी लगने लगा है। जितना ज़्यादा डर बढ़ता है उससे कई ज़्यादा प्यास बढ़ती है। यह पानी भी आज़ादी की इच्छा की तरह ही है। मेरे पैर हिलने को तैयार हैं अब। शायद कुछ लिख लिया है। थोड़ा और लिखो ना।

मैं शायद तब तक अपनी किसी भी खुशी से खुश नहीं हो सकूँगा जब तक मैं इस परेशानी से परेशान होना बंद न करूँ। मुझे और लोगों में जाना चाहिए, बिना परचे और डफ़ली के।

कॉलेज में एक भी इंसान से मैंने दोस्ती करने के लिए हाथ नहीं मिलाया है। यह भी करना होगा। थोड़ा ढलना होगा।

साँचे में नहीं।

सूरज की तरह।

मैं एक ऐसी कमी को पूरा करना चाहता हूँ जो मैं अकेला कर ही नहीं सकता। अब क्या करूँगा मैं? मुझे तो किसी की मदद मांगनी आती ही नहीं। अजीब हूँ, अच्छी जगह के बिल्कुल आगे ऐसी घटिया चीजें लिख देता हूँ। अब खत्म कहां करूँगा इसे मैं। कविता भी तो है ना यह।

34)
26/1/2025
लिखने से कुछ नहीं हो रहा है, कल बात करूंगा।

35)

मेरा रंग बहुत गहरा था।

मैं हार मानता गया। उसमें सफ़ेद मिलता गया। रंग फ़ीका पड़ता गया।

अब रंग इतना फ़ीका पड़ गया है कि पता भी नहीं चलता कि रंग है क्या।

तुम्हारी आँखों में, मैं सफ़ेद दिखता हूँ। मेरी आँखों से सब सफ़ेद ही दिखता है।

मेरी आँखें मैंने खुद नोच ली हैं।

36)
मुझे मोर बनना है।
बारिश में भी नाच लेते हैं यार। मैं तो छुप कर घर बैठ जाता हूँ।
तुम्हारा छाता ढूंढता हूँ।

37)
आओ असीम थोड़ा घर बैठ जाते हैं।
ना हुई मौत तो क्या जीते ही रहे।

38)

सफ़ेद रोशनी सब कुछ घेर लेती है।

सफ़ेद शांति भी है पर सफ़ेद समर्पण भी है।

सफ़ेद क्रांति भी है पर सफ़ेद व्यवस्था भी है।

मैं इस सफ़ेद को पसंद नहीं करता।

हाँ किसी और रोशनी में सब कुछ साफ नहीं दिखता। पर मुझे सब कुछ
साफ देखना है भी नहीं। सब कुछ दिखता रहेगा तो ध्यान किस पर
लगाऊँगा।

आँखों में लगती है यह रोशनी।

मुझे सूरज दिखा कर सफ़ेद रोशनी में मत ले जाओ।

39)
यह ग़ज़ल नहीं है

हमारा भी बोझ उठाया करे कोई।
तुम्हारा भी दिल दुखाया करे कोई।

क्या है यह मियार ए मिनार,
तुम्हारा क़ाशाना भी गिराया करे कोई।

हम क्यूं ताके सीलन रोज़ रात,
दर ए बेदार भी सुलाया करे कोई।

बिखरा रहता है जैसे आसमान में घर,
दर से दीवार भी मिलाया करे कोई।

क्यूं मैं जानता हूँ सब तुम्हारी बज़्म के बारे में,
तुम्हारी ऐश भी छुपाया करे कोई।

क्यूं टांगू तकिया उठा कर बिस्तर से रोज़,
दिल ए दरिया भी सुखाया करे कोई।

क्यूं लिखूं फ़िराक में शेर, दर्द के पैराहन,
चिल्ला कर हम को भी गवांया करे कोई।

क्यूं गिरूं नाला ए बेख़याली में रोज़ शाम,
हाथ को हाथ दे कर भी उठाया करे कोई।

क्यूं तुम ही रूठ जाओ नकाब में उल्फ़त के,

कभी हम बेज़ार हो भी तो मनाया करे कोई।

क्यूं गिला ए फ़र्दा करूं तैश में यूं ज़िंदा मरूं,
गिर के आसमान से भी राह दिखाया करे कोई।

क्या यह हटिए जाइए सुनिए कहिए,
कह कर असीम भी बुलाया करे कोई।

40)

कल तुमने मेरी कविताएँ पढ़ ली, आज तो बात करनी ही थी फिर।
कल कल की तरह ही होगा। अगली कविता तक। अगली कविता जब
लिखूंगा, जो लिख रहा हूँ, तुम को पता नहीं चलेगा कि तुम्हारे बारे में ही
है। तुम खुद को फूल नहीं देख पाओगी, मैं खुद को ज़मीन नहीं लिखूंगा।
मैं सिर्फ़ इतना लिखूंगा कि कॉल कटने से पहले चार सेकंड का शोर
इतना लंबा था कि उसमें मेरी उम्र गुज़र जाएगी।

41)
डैंड्रफ को हिंदी में रूसी कहा जाता है।
यह शायद पहली रूसी चीज़ होगी जो मेरे सिर से निकल जाए और मुझे
इसका दुख ना हो।
यह वाकई रूसी इसलिये भी है क्यूंकि जितना भी ''साफ'' कर लिया जाए
यह खत्म नहीं होती।
और ना ही हम होते हैं।

42)

मैं किसी कोने में आकाश के छुप गया हूँ। मुझे खींच कर नीचे लाना होगा।

ना बात होती है
ना काम होता है
ना पढ़ पाता हूँ
ना सोच पाता हूँ।

मुझको नीचे लाने के लिए तुमको उड़ना होगा और आ कर देखना होगा कैसा दिखता है मेरा बे-कोना आकाश।
कि आकाश का कोई ढांचा नहीं।
आकाश में सब ख़ानाबदोश होते हैं।
कोई ख़ाना नहीं होती।
मुझे ठहरने की जगह नहीं मिलती, न ही मैं ढूँढ़ता हूँ।
ना ही मैं उड़ता हूँ और ना ही भागता हूँ।
मैं बस आकाश में खड़ा हूँ।
और इसलिए लगातार गिर रहा हूँ।

43)
मुझको आकाश दिखाओगे अगर मैं वहाँ तक आ गई?

आकाश तक आ गई तो आकाश क्या, तुम्हारी छोड़ी हुई ज़मीन भी ऐसी दिखेगी कि ना मैं आकाश दिखा पाऊँगा ना तुम ज़मीन के बारे में बता पाओगी।

बस देखेंगे।
तुम आकाश और मैं तुम्हारी उड़ान।

44)

मुझे हंसी बहुत आती है।

किसी भी चीज़ का जब कोई मतलब नहीं निकलता तो बहुत हंसी आती है।

लोग सोचते हैं यह क्यूं मुस्कराता रहता है।

मुस्कराना आदत नहीं प्रतिक्रिया बन गई है।

मैं जब भी देखता हूँ किसी को परवाह करते हुए, अपने सम्मान या सामान की, मैं बहुत जोर से हँसता हूँ।

मैं अपने साथ अपनी हंसी ले जाऊँगा। थोड़ी छोड़ भी जाऊँगा।

छोड़ जाऊँगा जब तुम अपनी बड़ी ..... और छोटी ..... दफ़न करवा रहे होगे।

45)

जब लोग घर में होते हैं तो मैं अपने कमरे में ही रहता हूँ पर जब मैं
अकेला होता हूँ तो उस कमरे में रहता हूँ जिसमें वो लोग रहा करते थे।
घर का सबसे आगे वाला कमरा।

दरवाज़े के पास।

मैं वहाँ पूरा दिन बैठा रहता हूँ जब तक कोई आ ना जाए। फिर अपने
कमरे में चला जाता हूँ।

मुझे लगता है कि मेरा क़त्ल हो जाएगा अगर मैं अपने कमरे में चला
गया।

मुझे लगता है कि मैं फिर कभी बाहर नहीं आऊँगा।

वो कमरा फिर मेरी गुफा नहीं मेरा घर हो जाएगा।

46)
मैं कई बार सोचता हूँ कि मुझे किसी जगह जाना है या कुछ महसूस करना
है।
फिर मैं सोचता ही रहता हूँ कि यह होगा फिर वह होगा फिर उसके बाद
ऐसे होगा फिर वैसे होगा और एक बड़ा सा बादल बना लेता हूँ।
पर जब वो सारी चीज़ें असलियत में होती हैं तो मेरे बादल से अलग ही
होती हैं।
हमेशा।

बारिश कभी भी सफ़ेद नहीं होती।

47)
मैं एक आधा बचा हुआ टमाटर देख रहा था और देख रहा था अपने बैंक
के कागज़ात और देख रहा था अभी ही टूटे हुए घर और देख रहा था
पिटते हुए बच्चे और देख रहा था गिरते हुए पत्थर और देख रहा था
लहराते हुए झंडे और देख रहा था सूखते हुए गले और देख रहा था बचते
हुए हत्यारे और देख रहा था बेकसूर क़ैद मासूम और देख रहा था टूटी
सड़कें और देख रहा था ज़बरदस्ती पहनाए गए गरीबी के नकाब और
देख रहा था नाचते हुए लोग।

नाचते हुए लोग?
हाँ किसी बेज़ार काशाने से आवाज़ आ रही थी,
"मेरी झोपड़ी के भाग आज खुल जाएँगे"

48)
मैं यहाँ से भागना चाहता हूँ।
बाहर इतना खराब गाना चल रहा है, मैं दरवाज़ा भी नहीं खोल पा रहा हूँ।
ना ही दरवाज़ा खोल पा रहा हूँ, ना ही अंदर जा पा रहा हूँ।

निराशा और आक्रोश में, यहाँ के सबसे अंदर वाले कमरे के लिए भागता हूँ।

जब वहाँ पहुँच कर कुछ देर बैठता हूँ तो फिर खुद को दरवाज़े के पास पाता हूँ।

कविता फिर पढ़ना शुरू कीजिए।

49)
पता नहीं कैसा हूँ मैं,
सब जान छुड़ाते हैं।

50)
रस ए ज़िन्दगी श्रृंगार ही है।
विरोध भी किसी किसी दिन।
हर दिन नहीं।

51)
एक चीखते क्रांतिकारी की शांति।

जो सुकून सुखन में था वो सुकून सुखा कर बैठे हैं
यूं रुख न करो मेरी मस्लहत का, हम आईने झुका कर बैठें हैं

यूं देखते हैं बाज़ार समाज हम खुद से जुदा हो हो कर
यूं कोसते हैं मंदिर मस्जिद हम खुद ही खुदा हो हो कर
क्यूं झूठ कहे तुमसे भी अब जो सच समाज से कहते हैं
तुम आ जाओ हम छोड़ दे सब जहाँ खुद को लुटा कर बैठे हैं

सरे राह चलता है ख़्वाब कोई जो रास्ते से उठा लेते हैं
उठा कर कंधे का बोझ जो हम आधा-आधा कर लेते हैं
कह लेते हैं कई बातें ज़ेहन की तब कुछ सुकून सा पड़ता है
हमराह हमसुकून खिला है कोई यह रास्ता बाहर का लगता है

चमन चमके तन्हाई से क्या दश्त-सहरा कहते रहे
दमन दमके दामिनी सा जो कष्ट गहरा सहते हैं
लहराते हैं कुछ लाल सा हम जंग का ऐलान करते हैं
हम शांत गगन सी धरती को गहरे सैलाब सा करते हैं

मिट जाता है श्रृंगार सभी जब आईना पीछे से तोड़ दिया
अब उस से जो दिखती है वह दीवार का मुँह भी खोद दिया
फिर दिखता है सब कुछ जो उसको दिखता नहीं जो देखे ना
कैसे दिख जाए आईने से जब तक ऐनक वह पहने ना

ऐनक हम ही बन जाते हैं जब खुद के आईने गिर जाएं
फ़रोश से उठ जाता है जब सिर थोड़ा सा फिर जाए

यह कुछ कुछ का है लहू गरम जो आक्रोशों से घिर आए
मुझ जैसे को तो क्या है शर्म जो किसी चीज़ पर गुस्साए

तो देखो अभी क्यूं त्यागता हूँ कैसे इस जलते पथ को मैं
जो उठता पाताल से जाता स्वर्ग उस रथ को मैं
उस हक को मैं उस शर्त को मैं उस व्यंग्य को मैं उस संघ को मैं
उस हास्य को मैं उस काव्य को मैं उस नाव को मैं उस घाव को मैं

कैसे उतार कर छोड़ चलूं
कैसे पथ कठोर चलूं
कैसे निर्दल निष्प्राण रहूँ
कैसे भीतर एकांत रखूँ
कैसे सब कुछ मैं त्याग चलूं
कैसे सब राहें भाग चलूं
कैसे यह प्रण के क्षण जो हैं
कैसे इनको नकार ही दूं

कैसे भागूं कैसे तैरूं
कैसे छोड़ूं कैसे रूठूं
क्यूं ही भागूं क्यूं ही तैरूं
कैसे सोचूं क्या ही सोचूं

जब सोच समझ ही यहाँ लाई
फिर मंज़िल पर मैं क्यूं व्याकुल
जब कठिन घड़ी यूं घर आई
फिर दर पर मैं यूं क्यूं व्याकुल

मैं उठ न सकूं न रुक ही सकूं, यूं बैठा रहूं किसी घेरे में

जब बंध रहे हैं लोग सभी यूं पैसे बाज़ार और फेरे में
मैं कैसे न कहूं जो है दिखता जो है प्रत्यक्ष जो है प्रमाण
यूं क्यूं चीखें यूं क्यूं पुकारें यूं क्यूं बुलवाए यह ब्रह्मांड।

मैं चल चुका हूँ जल चुका हूँ
थक चुका हूँ डर चुका हूँ
मर चुका हूँ सड़ चुका हूँ
लड़ चुका हूँ गड़ चुका हूँ

क्या क्या है नहीं देखा
और क्या क्या मैं देखना चाहूं
क्या है यह फिर शांति
जो खुद को मैं देना चाहूं

मैं रहना चाहूं किसी और जगह
और किसी और जगह है मन मेरा
मैं सोचूं कहीं और का सच
कहीं और को झूठ है तन मेरा
यह तन मेरा है बहुत सजीव
यह निष्क्रिय होते ही डरता है
यह मन मेरा मुझे क्यूं नहीं कहता
"यह सब क्या करता रहता है?"

यह सब वह है जो मैं सोचता हूँ कभी कभी
अभी-अभी ही सोचा कि कल कौन सी आवाज़ दबी हुई
चीख रही थी तन से मेरे कह रही थी सोचा क्या
सोचा क्या तुम कर रहे थे जब कर रहे थे वह चर्चा

वह चर्चा जो कुछ हद तक मेरी समझ से दूर ही है
वह चर्चा जो मुझको करनी पड़ती है क्यूंकि वो ही है
वो ही है जो मुझको कहना पड़ता है जब कहता हूँ
कहता हूँ मैं कुछ भी क्या या भाषण में मौन ही रहता हूँ

मौन ही होता हूँ मैं जब कहता हूँ बात जो मेरी नहीं
मेरी बात से मतलब यह है कि जो मैंने खुद है कही
खुद मैंने कुछ भी ना कहा सिर्फ़ कहा जो मुझको कहा गया
कहा गया सिर्फ़ वह ही जो मुझ में खोकर फिर कहां गया

संघठनात्मक जीवन जीना, जीना है बढ़ा ही मुश्किल
सीमाएँ हैं यहाँ वहाँ, हर राह कहती है ऐ मेरे दिल
सोच नहीं ज़्यादा, ज़्यादा सोचेगा तो सकुचाएगा
मन में होगी कोई जलन तो नारा कैसे लगाएगा

नारों की यह बात ज़रूर है
नारा हम सब ही लगाते हैं
नारे ही तो लगाकर
हर रोज़ शाम घर आते हैं
घर आते हैं छोड़ कर खुद को
वहीं जहाँ लगा था नारा
मैं अब तुम को वहाँ मिलूंगा
जहाँ मिलूं मैं दोबारा

दोबारा मैं गिरा हुआ एक फूल तुम्हें उठा दूंगा
दोबारा मैं खेल-खेल मैं किसी को अब गिरा दूंगा
हँस-हँस कर जब भर जाएगा मन तो फिर झुका लूंगा
तकिये से उठ कर परसो मैं फिर ढफ़ली बजा लूंगा।

मैं फिर नारा लगा दूंगा।
मैं फिर नारा लगा दूंगा।

52)

एक भिखारी मेरे पास आया, कहने लगा तेरा भला होगा।

मैं बहुत जोर से हँसा और उससे कहा अगर खुदा होता भी तो मुझको आज नहीं बचा पाता।

मैं कहाँ जा रहा था?

54)

मैं एक छात्र जो सिर्फ़ छात्र न रहने पर मजबूर है। मजबूर है क्यूंकि मैं
अपनी आँखों का इस्तेमाल करना भूल नहीं पा रहा हूँ। मैं अपने कॉलेज
के ''कैंटीन लॉन'' के सामने वाले ऑफिस के एक पिलर से सटा हुआ
बैठा हूँ। ऑफिस बंद रहता है तो कोई मेरी बातें ज़्यादा सुन नहीं पाता है।
अच्छा भी है, शांति से बिना किसी काम के वो लोग दरवाज़ा बंद किए
रहते हैं और मुझ जैसे लोग बाहर बैठे रहते हैं। हमारी शांति से वो शांत
रहते हैं पर उनकी शांति से हम बहुत देर शांत नहीं रह पाते हैं। उनकी
अशांति भी शांति से बदतर ही होती है तो हम ज़्यादा बुलवाने की
कोशिश भी नहीं करना चाहते पर उनकी कर्कश आवाज़ सुनने पर हम
मजबूर हैं, आखिर आम छात्रों की वजह से ही तो वो दरवाज़ा बंद रख
पाते हैं। अभी जब मैं यह लिख रहा हूँ तो 14 फरवरी का दिन है। दोस्त
की मदद की अभी गुलदस्ता बनवाने में और फिर उसको जहाँ छोड़ना था
छोड़ आया। एक सेमिनार के बाद का खाना खाते हुए कुछ बच्चों का
समूह मेरे पीछे की सीढ़ियों पर बैठा है और न जाने क्या बात कर रहे हैं।
बीच में से मुझे आवाज़ आई, ''मुझे भी हँसाओ, मुझे भी हँसाओ।'' कोई
बात शायद किसी को सुनाई नहीं दी तो अपनी हंसी की विरह में विलाप
करने लगी थी शायद। बंद सत्ता की सीढ़ियों से ठहाकों की आवाज़ें आने
लगी थीं और इतनी ज़ोर से आई कि मुझे याद आया कि कैसे कल मैं
इसी जगह पर बैठे-बैठे रोने लगा था और कैसे आज यह
कविता/नाटक/कथा/पता नहीं क्या, आज मैं यही लिख रहा हूँ।
जब मैं यह लिख रहा हूँ तो मुझे कोई दिख रहीं है। लगातार सामने ही
किसी न किसी काम में व्यस्त हैं। मैं सिर्फ़ गिरे हुए फूल ही दिया करता हूँ
नहीं तो अपने दोस्त के साथ एक गुलदस्ता मैं भी बनवा ही लेता। उनको
नहीं पता कि मुझ जैसे ना-आम छात्र को सत्य की सीढ़ियों से भी वो
दिखती है और ना ही आम छात्रों को ही पता है। सब को लगता है कि
बंद दरवाज़े के आगे बैठना एक बहुत ही मुश्किल काम है जो सिर्फ़ कुछ
ही लोग कर पाते हैं जो और कुछ सोचते भी नहीं। यह लिखते हुए ही मैं

देख पा रहा हूँ कि शायद कोई और उन्हें गुलदस्ता देने की फ़िराक में है। यह बहुत दुखद इसलिए भी है कि शायद वो कोई और कभी इस सीढ़ी पर ना बैठे और शायद पूरा समय उनको ही दे कर "जीत जाए।" इस से घटिया जीत कोई और नहीं होगी और मैं कभी इस तरह जीतना ना चाहता हूँ ना चाहूँगा। यह सब सिर्फ़ मेरी जलन भी हो सकती है जो कि उस एहसास-ए-कमज़ोरी से आती है जो मेरे सामाजिक रूपरेखा में ना ढलने की ज़िद में पनपता है। वह इस तरफ आ रहीं हैं।

मुझ तक नहीं आयीं, किसी और के साथ थीं। ख़ैर।

मैं भी ख़ैर किसी और के साथ ही था। कल की कशमकश से ना उभर पाना मेरी आज की दिक़्क़त बन चुकी है। मैं घर पहुँच चुका हूँ, उस समय लिखना बहुत मुश्किल सा हो गया था। क्यूं ना होता? जब हर रोज़ आप लड़ ही रहें हैं और एक कोना मिलता है युद्धविराम का तो लड़ाई के बाद या लड़ाई से भागना ज़रूरी नहीं मजबूरी सा हो जाता है। ख़ैर, जब वो आयीं तो मैं इस ही ख़याल में था कि राजधानी से 15 के करीब लोग गायब कर दिए जाते हैं। बंद दरवाज़े के पीछे ले जाए जाते हैं और मैं उस दिन सीढ़ी पर नहीं बैठ पाता। मेरे सब साथी सीढ़ी पर बैठते हैं, मैं ही नहीं बैठ पाता। बस मैं।
मुझको जलन होती है, दुख होता है, रोने लगता हूँ, भाषण देने लगता हूँ, कभी सीढ़ी पर ना जाने की कसमें खाता हूँ, इधर भटकता हूँ, उधर भटकता हूँ, सोच नहीं पाता हूँ। मैं जा क्यूं नहीं पाया?
वो सीढ़ी उस जगह थी जहाँ वो काम करते हैं जिनसे मेरा वजूद है। अब उस सीढ़ी पर बैठूँगा तो असली बंद दरवाज़े वाले समझ जाएँगे कि उनके बीच एक सीढ़ी वाला भी है। वो जानते हैं पर बिना प्रमाण के वो दरवाज़ा खोल कर सीढ़ी पर और आदमी नहीं लौटा सकते। शायद लौटा भी सकते हैं, न जाने क्यूं नहीं लौटा रहे।

मैं अपनी सीढ़ी पर रोता रहा जब साथी उनकी सीढ़ी पर हँसते रहे। मार खा कर भी हँसते रहे, मैं उनसे मिल कर भी रोता रहा।

मुझ में यह कहाँ से आया? मैं कोई बहुत ही सामाजिक व्यक्ति नहीं हूँ। ''असामाजिक'' को बहुत ही ग़लत तरीके से इस्तेमाल किया जाता है पर मैं शायद इस विशेषण के सही मतलब के हिसाब की संज्ञा हूँ। मैं ढफ़ली को क्यूं तरसने लगा? क्या इसलिए कि मैं जानता था कि वो आज नहीं आएँगी? या इसलिए कि मैं अपने आप को किसी और चीज़ के क़ाबिल नहीं समझता हूँ? या इसलिए कि मैं ठीक-ठाक ढफ़ली बजा लेता हूँ।

एक पूरा दिन सोच लेने के बाद ही समझ आया कि मैं सिर्फ़ इसलिए अपने दोस्तों के साथ बैठा रहा, उनको सिगरेट फूँकते हुए देखता रहा, उनकी जहल भरी बातें सुनता रहा, उनके सामने फूट-फूट कर रोता रहा क्यूंकि मैं जानता हूँ कि अगर मैं सीढ़ी पर नहीं बैठा तो वह खाली रह जाएगी और पन्द्रह लोगों को गायब करना उतना ही आसान हो जाएगा जितना उनके लिए शांत रहना।

न जाने कितनी सीढ़ियाँ हैं जहाँ मैं कभी नहीं पहुँच सकूँगा। कितना अफ़्सुर्दा कर देता है यह ख़याल कि तुम भी नहीं जाओगे। नहीं जाओगे और मेरा इंतज़ार करोगे, इंतज़ार करोगे और गाली दे कर कहोगे कि, ''हमारे लिए तो साला कोई कुछ करता ही नहीं।'' तुम घर बैठे बैठे मुझे कोसोगे और मैं सीढ़ी पर बैठे-बैठे किसी और को उनको गुलदस्ता देते हुए देखूँगा।

55)

सड़क पर लाइटें लगी हैं।
लगी ही रहती हैं राजधानी में।
हर खम्बे पर तुमने धार्मिक-साम्प्रदायिक झंडा लगा दिया है।
सिर्फ़ एक छूट गया।
वो खम्बा किसी पेड़ की शाखाओं के बिल्कुल बीच में है। ना-कुदरती
चीज़ें कहाँ तक ही लहरा पाएँगी।

56)
कल मेरे दोस्त को मेरी वजह से मारा। मारा इसलिए कि वो मेरे साथ बैठा था।
एक 5 साल की बच्ची का शोषण हुआ। उस पर कुछ कहा नहीं गया।
एक पी.एच.डी स्कॉलर को उसकी यूनिवर्सिटी से निकलना पड़ रहा है क्यूंकि वो क्रांति से जुड़ा हुआ है।
वो स्कॉलर बहुत अकेला है और क्रांति के अलावा कुछ जानता नहीं।
वो बच्ची बहुत छोटी है और बाकी मुद्दों में सब इतना फंसे हैं कि उस पर कोई ध्यान नहीं दे पा रहा है।
और मेरा दोस्त? मेरे दोस्त ने कुछ नहीं किया था। वो मेरे लिए आए थे। मुझको नहीं मारा।

संगठन बहुत ही संगठानात्मक है और इसकी कोई ज़रूरत नहीं है। इसमें भी अगर मैं किसी पुराने व्यक्ति से कम आँका जाता हूँ तो इस संगठन और समाज में क्या अंतर रह गया?
संगठन कहता है संगठन को घर बना लो। घर से ही तो भाग कर संगठन आए थे। तुम भी अगर घर, मंदिर, स्कूल, शादी, मजबूरी बन जाओगे तो काहे का संगठन भाई?
जब यह कहा जाता है कि उनको ढूँढो, उनको अकेला करो और उनको हरा दो तो यह उन सब लोगों के लिए भी है जो संगठन में जुड़ने वाले हैं।
मुझको ढूँढा, मुझको अकेला किया और अब मुझे हरा रहे हैं। मैं सिर्फ़ वो कर सकता हूँ जो कोई और कहीं ऊपर से मुझ को करने के लिए कह रहा है। इसी के खिलाफ तो मैं यहाँ आया था।
तो मेरे दोस्त के नाम, उस बच्ची के नाम और उस स्कॉलर के नाम आज मैं यह नारागर्दी छोड़ता हूँ। छोड़ता हूँ तब तक के लिए जब तक यह संघ ही बनी रहे।

57)

आज मैं उठा तो मेरे कमरे में वो तैयार हो रहे थे। सामने शीशा था देखते जा रहे थे, बाल बनाते जा रहे थे। लग रहा था उसी में घुस कर कैद हो जाएंगे।

मेरी नींद खुली और मैंने कुछ चार मिनट उनको तैयार होते हुए देखा और फिर बुलाने के लिए एक चुटकी बजाई।

उनकी उसी समय मृत्यु हो गई।

डर गए थे क्या पता।

एकांत चाहते थे क्या पता।

क्या पता वो इतना तैयार हो चुके थे औरों के लिए कि अब एक मूक सलाम से कफ़न के हो गए वो।

क्या पता आख़िरी सलामी इसी को कहते हैं।

58)

समाज में बुज़ुर्गों को बहुत समझदार समझा जाता है। नब्बे प्रतिशत बुज़ुर्गों को कोई फ़र्क नहीं पड़ता किसी भी चीज़ से।

उन्होंने "सब" देख लिया है। सब देखने के बाद वो समाज को गाली ही देते हैं। उनको बहुत देर बाद समझ आया कि इज़्ज़त, ख़ुशी, धर्म, पैसा, काम इत्यादि की कोई ज़रूरत थी नहीं ख़ास। ज़बरदस्ती बना रखा है। उनको बहुत देर लगी, मुझे बहुत जल्दी है।

59)

मैं अभी सोच रहा हूँ कि सब ऐसे नहीं सोचते हैं।

कुछ लोग भगवान में मानते हैं।

कुछ लोग स्त्रियों को तंग करते हैं।

कुछ लोग जातियों में मानते हैं।

कुछ लोग पैसे के पीछे भागते हैं।

कुछ लोग इश्क़ के पीछे भागते हैं।

कुछ लोग इल्म के पीछे भागते हैं।

कुछ लोगों को शर्म आती है।

कुछ लोग तमीज़ के पर्दे में छुपते हैं।

कुछ लोगों को फ़िक्र रहती है कि सबको सब कुछ पता न चल जाए।

कुछ लोगों को मरने का भी डर रहता है।

डर रहता है जैसे वो अभी कुछ कर रहे हैं।

अब इन चीज़ों को छोड़े हुए इतना समय हो गया कि समझ भी नहीं आता कि लोग कैसे अभी भी इनमें ही फंसे हुए हैं। कैसे हो सकता है यह?

मैं छत से नीचे देखता हूँ। दो पैर भी मुझको दिखते हैं। मेरे पीछे से हवा चलती है। मैं नीचे की जगह ऊपर की तरफ गिरता जाता हूँ।

60)
मेरी कविताएँ तुम्हारी ग़लतियाँ ही तो हैं।

61)
तुम कितने बेचैन हो?
किसी को मारने को फिरते हो।
किसी की ज़मीन छीनना चाहते हो।
किसी की ज़ुबान काटना चाहते हो।
किसी को जला ही देना चाहते हो।
किसी की किताब फाड़ देना चाहते हो।
किसी को हथकड़ी पहनाना चाहते हो।
किसी को उसके घर से बाहर फेंकना चाहते हो।
किसी के कपड़े बदलवाना चाहते हो।
किसी को डरा देना चाहते हो।
किसी को ख़रीद लेना चाहते हो।
किसी को बेच देना चाहते हो।
किसी को ....

अपने आप भर लो तुम।
मैं थक गया हूँ।
मैं थक गया हूँ क्यूंकि तुम नहीं थक रहे हो।
तुम नहीं थक रहे हो क्यूंकि शायद मैं थकने लगा हूँ।
क्या तुम यह सब कुछ चाहते भी हो?
या चाहत है किसी और की, पूरी कोई और करता है,
मरता कोई और है और पहले वाले की ही तमन्नाएँ पूरी होती हैं।

62)
राख को सर दिया करते हो,
तुम न जाने क्या किया करते हो।

63)
मुझे नहीं भाती तस्वीर कोई तेरी।

64)
समाज, एक छोटी बच्ची।

खेलती हुई किसी बगीचे में, किसी झूले पर,
कोई फूल तोड़ती, घास उखाड़ती, चींखें मारती
किसी को चिढ़ाती, किसी को डराती, सब को सताती
खिलौने दफनाती, श्रृंगार चुराती और भगाती।
और भगाती चीज़ों के पीछे जो है सुंदर, जो है चमकीली, जिसका दाम
लग सके, जो मुझे खरीद सके, सामाजिका को वह ही भाता है।
उसकी फ़िक्र में कोई गा नहीं रहा, नारा नहीं लगा रहा, श्रृंगार नहीं कर
रहा, कुछ नहीं कर रहा, कहीं वह रोने न लगे।
वह रोने न लगे इसलिए सब मुस्करा रहे हैं, बच्ची को यह ही लगता रहना
चाहिए कि वह जो कर रही है ठीक कर रही है।
ना रोने लगे इसलिए लगातार झूले को धक्का दे रहे हैं। गिर भी न जाए,
इसका भी ध्यान रख रहे हैं।
झूला हवा, पानी, अग्नि, आकाश और आपके ऊपर से हो कर चलता
जा रहा है।
सबके झूले अलग-अलग रंग के हैं। सफ़ेद, नारंगी, हरा, काला, लाल
और न जाने क्या-क्या। वह बच्ची सिर्फ़ झूले का सहारा नहीं लेती।
बच्ची को बचाना सभी चाहते हैं। असामाजिक तत्वों की बात और है।
सामाजिका का खुद कोई रंग नहीं, वह तो दिखे भी न अगर उसको भूल
जाएं। उसे याद रखा जाता है।
जाता है?
कितनी बड़ी हो गई है यह बच्ची?
बस उतनी ही बड़ी जितने मैं और तुम। यह हमारे साथ ही हम में पैदा की
जाती है। किसी बीमारी की तरह साथ ही रहने लगती है। इसकी वैक्सीन
काफ़ी कम लोग खरीद पाते हैं।
काश पैसे से मिलती।

जो लोग बगीचा छोड़ भी जाते हैं, वह भी बार-बार उस बच्ची की
ख़ैरियत लेने आते हैं और देखने आते हैं कि झूला कहीं रुक तो नहीं गया।
इन लोगों की वजह से भी बच्ची सलामत रहती है।
सलामत रहती है क्यूंकि कोई मुझे इसकी जान नहीं लेने देगा।
"असीम बच्ची है यार,
यह क्या कर सकती है?"
बच्ची आदमी के पैर के पीछे छुपती है और मुझे हताश देखकर जीभ
निकालती है।

65)
ये कौन-से शायर हैं जो तेरे रूठने की बात करतें हैं?
ये कौन-से आशिक हैं जो तुम्हें रूठने दे रहें हैं?

66)
आज एक बच्चा आया और मेरे पैर छूने लगा।

उसको कहा गया था कि "ये भइया है।"
भइया और अंकल में अभी फ़र्क नहीं समझना लाज़िम है।
पर फिर अंकल और चोर में भी तो फ़र्क न समझना लाज़िम ही है।
लाज़िम है कि उसको यह भी नहीं पता कि पैर क्यूं छुए जा रहे हैं।

पर जब वो पैर छूने के लिए मेरी तरफ आ रहा था तो एक क्षण के लिए
मुझे बहुत अच्छा भी लगा,
फिर मेरी सामाजिक समझ ने उसका हाथ पकड़ लिया।
हाथ इसलिए तो पकड़ा ही कि यह होना ही नहीं चाहिए,
पर इसलिए भी पकड़ा कि यह अभी तो बिल्कुल ही नहीं हो सकता है।
क्या शर्मनाक बीमारी निकली है मेरे अंदर।

यह गैरज़रूरी रस्म अच्छी तो लगती ही है पर सिगरेट की तरह।
थोड़ा-बहुत नशा हो जाता है,
जो कुछ समय बाद होना भी बंद हो जाता है,
पर उसकी आदत लग जाती है।

इस तरह की आदत कि मैंने अपने कई दोस्तों को बिना जली हुई सिगरेट
भी फूंकते हुए देखा है,
जैसे घुटने छूने पर भी आशीर्वाद मिल ही जाता है।

दुनिया भर के अंकिलों,
क्या तुम्हारी समझ किसी का हाथ नहीं पकड़ती?
या इस नशे को त्यागना उतना ही मुश्किल हो गया है
जितना सिगरेट छोड़ना मुश्किल है?

साले गर्ववती।

67)
रानी हँसती है।

देख कर तुम को अपनी तलवारों में व्यस्त।
चार मरते हैं, तुम छह गिनाते हो।
सामने वाला दस मारता है, तुम बारह और मारते हो।
वह तुम्हारे घरों से खाना, पानी, कपड़े, हवा सब चुरा रही है।
तुम लड़ रहे हो।

किसलिए लड़ रहे हो?
क्यूंकि तुम चाहते हो कि तुम ज़्यादा बेचारे लगो।
कि मेरे यहाँ ज़्यादा चोरी हुई है।
पर लड़ाई में तुम यह ही भूल गए हो कि चोरी हुई है।

चोरी होती ही जा रही है।
फिर चोरी हुए सामान की बिक्री भी होती ही जा रही है।
सामान तुम ही खरीदते जा रहे हो।
ताकि कल फिर लड़ सको।

सामान पर टैक्स लगता है।
रानी हँसती है।

68)
प्रेम ऐसा ही होता है।

इतिहास वर्तमान की नोक पर रहता है।
रहता है वहाँ जब तक वर्तमान पलट न जाए।
वर्तमान की एक करवट बरसों का इतिहास निगल जाती है।

सिर्फ़ प्रेम ही नहीं, सब ऐसे ही हैं।

अब मैं इस पर एक गाना लिखना चाहता हूँ।

आज की नोक पे कल का भार
कैसी लागी मोहे प्रीत की मार
रे कैसी लागी, पूरी रैन जागी
मोहे तारे भी कहते हैं ख़बरदार

कैसे लेटूँ और कैसे जागूँ
कल आएंगे होके वो फिर से सवार
फिर से सवार और फिर से सवाल
सब बिसरा के पूछेंगे किया क्या आज

रोज़-रोज़ यही कसौटियाँ जैसे
जाने को रहते वो हर दम तैयार
कल न परत मोहे इक घड़ी पल छिन
जो सोचूँ मैं उनके जाने की बात

जाने की रात जो आई अगर तो

घूँघटा मैं यूँ लगा दूँगी मैं आग
कह दूँगी मुझको नहीं है शर्म
तुम यूँ खेलो न मुझसे, क्या जाने की बात?

भूला देना ही है जो भी है किया
ऐसा भारी है वर्तमान का सार
चंदा रोए और आफ़ताब है नीला
मोहे तारे भी कहते हैं ख़बरदार।

ताल - दादरा
राग - काफ़ी, खमाज

किसी और ताल में तो शायद ना ही अच्छा लगे, पर दीपचंदी की
कोशिश बुरी नहीं होगी।
पहाड़ी या यमन मैं बिल्कुल पसंद नहीं करूंगा।
राग छाया मुझे सबसे ज़्यादा पसंद है, उसे भी ना छुआ जाए।
क़व्वाली या लोकगीत की तरह से गाया जाना चाहिए।
तालियां और ढोलक तो होनी ही चाहिए।
एक सारंगी भी मिल जाती तो बस

इस पूरी किताब का कोई एक अंत नहीं हो सकता। लाल सलाम? क्रांति और महब्बत, लाल ही है। खून भी।

क)हरी नोटबुक का आखिरी सफ़ा

सैलाब आवाज़ों का, गूंजता है आस-पास
एक आवाज़ जानी-पहचानी सी भी आती है।
क्यूं आती है? शायद उसका मन भरा नहीं।
नहीं भरा जहान-ए-दिल, नहीं भरा बाज़ार-ए-आशिक़ी।
है अभी उम्मीद उसे और है अभी उसे आशा
है नहीं अकेली अभी, न है उसके साथ कोई।
फिर भी भीड़ में से आवाज़ आती है,
और आती है एक उम्मीद,
बचा लोगी क्या?

1 अप्रैल 2024

ख) साइकोलजी के क्वेश्चन पेपर का जवाब

खिड़की के बाहर फूल, दरवाज़े से अंदर आती धूप।
नीचे ढहती हुई एक छत, एक तुम्हारा खत।
बुझता हुआ रोशनदान, फटा हुआ गिरेबान।
गिरती हुई दीवारें, उनके धूल भरे किनारे।
रात का आधा चाँद, तुम्हारी रद्दो-बदल एक .... ।
मेरे शरीर का वज़न, उससे दबा हुआ पलंग।
आए नींद लगूं दफ़न, ओढ़ी चादर बनी कफ़न।
देखूं न आने वाले का ख़्वाब, कैसी फ़ुरक़त की ये शाम।

11 मई 2024

ग) रास की रूपवती

चमकत चांदनी
दमकत दामिनी
सरपट भागती
आई एक रागिनी
लगभग शांत सी
होठ वो काटती
हाथ में चूड़ी
वो छन-छन बाजती
पानी में देखती राह
एक नाव की
कहानी नई शुरू
वो सोच के कांपती
आंख उसकी लाल
पर ढली हुई सांझ सी
देख-देख राह वो हुई
परेशान सी

पर वो दिखे ही ना
घर से
भाग के आई
चट्टान सी खड़ी
वो दिखे ही ना
घुट घुट के
वो संसार से लड़ी
वो दिखे ही ना
पानी डूबा दे

वो मैदान सी बनी
वो दिखे ही ना
कोई आए जाए ना
सुनसान सी खड़ी

कोई दिखे ही ना
बिके ही ना वफा
हुआ है क्या, मिली है क्या सज़ा
जुआ है क्या, इश्क ना हवा
मिला वो ना, हुआ है क्यूं खफ़ा?
सिला बुरा, सोचे हर दफ़ा
मिला है क्या, ढूंढे हर जगह
खिला क्यूं ना, गुल उसकी तरह
छुपा क्यूं है, वो क्यूं नहीं दिखता?

वो नाव में ही आ रहा था
बहाव भी सता रहा था
कुछ दस मिनट का फासला ही था
पर जानता वो कुछ भी नहीं था
कि पीछे है उसके लोग पड़े
और नीचे पानी के रोंगटे खड़े
और सींचे उसने जितने बीज थे
सब उग कर उसकी छांव बने?
ना ना
समाज से था परे वो
तो जाने कैसे दें
तमीज़ की रेखा
आज़माने कैसे दें

वो छोड़ भी देता
गंवाने कैसे दें
औपचारिकता मैल
नहाने कैसे दें?
कल ही रात वो था मधुशाला
करी किस से बात उसे याद ना आता
आम सी शाम पर अलग अंजाम था
जाम का नहीं किस्सा इंतकाम का

कह दिया उसने मदहोश कुछ तो
याद नहीं नीत्शे या था वो मंटो?
बात हो रही थी समझाता मन को
यह समझेंगे नहीं कि विचार बदलो
पर लगी बात बुरी किसी को
वो आम या फिर खास हो
पैगाम भेजना ज़रूरी नहीं
आओ चलो इसको मार दो

तो नाव में करवा दिए छेद
और किए बैठने की जगह के नीचे
भरता गया पानी उसमें
और समझ न आए क्यूं जा रही पीछे
नाव
वो आगे खींचे
साहब
वो सोच में पड़ गए
नाम
उसे याद है आए

तब तक
हो गए जूते गीले
लाश उसकी लहर में लहराए
कांच की तरह बिखर गए साये
जेब में उसकी, एक था चाकू
और बहते हुए, उसके साथ ही जाए

मोहिनी पहुंच चुकी थी तट पर
देखने को हुई उसको
तत्पर
असफल प्रयास, बैठी रही आस में
तभी दिखता एक कुर्ता
नश्वर
जल भर आए अखियां रुआंसी
बादल गरजे फिर भी नदी प्यासी
आंचल धड़के कूद पड़ी साहसी
ना मन विचलित तैरती जाती

आंखों में भी था वही
पर पानी से वह खूब लड़ी
जब तक पहुंची उस तक वो
जा रही थी उसकी सांस रुकी
जेब में देखा कुछ तो था
जब आ कर उसके गले लगी
खून बहा पानी में उसका
मरी रास की रूपवती।

15 जून 2024

घ) चाबी वाली कहानी